# WAS IST? WAS WIRD? WAS BLEIBT?

## Geschichten aus dem Schulhaus Lavater

© / Copyright: 2024 Schule Lavater, Zürich

Erstauflage

Verlag:   Student Author Project e.V. (gemeinnützig)
          Iserstr. 76, 14513 Teltow, Germany
          info@studentauthorproject.com
          www.studentauthorproject.com

ISBN 978-3-949396-30-4 (Paperback)
ISBN 978-3-949396-31-1 (Hardcover)
ISBN 978-3-949396-32-8 (eBook)



Bibliografische Information der Deutschen Nationalbibliothek:
Die Deutsche Nationalbibliothek verzeichnet diese Publikation in der Deutschen Nationalbibliografie; detaillierte bibliografische Daten sind im Internet über http://dnb.d-nb.de abrufbar.

# WAS IST? WAS WIRD? WAS BLEIBT?

## Geschichten aus dem Schulhaus Lavater

# VORWORT

Wow, was für ein beeindruckender Sammelband, der das Ergebnis einer kreativ-kooperativen Arbeit der Schülerinnen und Schüler unserer 1. und 3. Sekundarklassen ist. Im Rahmen des innovativen Schreibprojektes haben die Jugendlichen ihre Gedanken, Träume und Perspektiven in Form von Kurzgeschichten festgehalten – ein wahrhaft inspirierendes Unterfangen.

Es freut mich riesig zu sehen, wie sich die altersübergreifenden Teams, bestehend aus engagierten Oberstufenschülerinnen und -schülern des 9. Schuljahres und den jüngeren aus dem 7. Schuljahr, zusammengeschlossen haben, um gemeinsam an den Fragen zu arbeiten:

## Was ist? Was wird? Was bleibt?
## Geschichten aus dem Schulhaus Lavater

Diese Leitfragen passen wunderbar in die aktuelle Situation der Schule. Das Schulhaus Lavater wird während zweier Jahre gesamtsaniert und instand gesetzt, der Unterricht findet während dieser Zeit in Schulraumprovisorien auf verschiedenen, benachbarten Schulanlagen in der Stadt Zürich statt.

Daher sind die Kurzgeschichten nicht nur Ausdruck individueller Kreativität, sondern auch Zeugnisse einer tiefen Auseinandersetzung mit den Herausforderungen und Chancen der jungen Generation in ihrem aktuellen Umfeld. Diese Mischung persönlicher Perspektiven, unterschiedlicher Lebenserfahrungen und dem gemeinsamen Streben nach verstanden werden in dieser Welt macht dieses Buch zu einer faszinierenden Reise durch die Gedankenwelt unserer Schülerinnen und Schüler.

Als Schulleitung bin ich stolz darauf, gemeinsam mit dem Schulteam die lebendige und inspirierende Gemeinschaft junger Menschen zu unterstützen, die nicht nur ihre schulische Bildung vorantreibt, sondern auch den Raum und die Gelegenheit nutzen, ihre Stimme und Ideen zu veröffentlichen und in die Welt hinauszutragen. Das Buch zeigt, dass Bildung weit über das Klassenzimmer hinausgeht und ein Prozess ist, der durch Kreativität, Zusammenarbeit und Selbstreflexion geprägt wird.

Allen Beteiligten möchte ich – insbesondere den schreibenden Schülerinnen und Schülern, der Projektleitung, den Lehrkräften, den Eltern und Erziehungsberechtigten und allen, die zum Gelingen des Projektes beigetragen haben – ein herzliches Dankeschön aussprechen.

Möge dieses Buch nicht nur als Sammlung von Kurzgeschichten aus einem spannenden Schreibanlass bleiben, sondern auch als Spiegelbild des gemeinsamen Engagements für unsere Schulkultur und für kreative Entfaltung dienen.

Ich hoffe, die Lektüre dieser Kurzgeschichte berührt Sie ebenso und bereitet viel Freude beim Lesen. Viel Vergnügen beim Eintauchen in die Welt unserer jungen Autorinnen und Autoren.


Marcel Rusterholz,
Schulleitung Lavater

# INHALTSVERZEICHNIS

# DAS ENDE DES SCHULHAUS LAVATERS

von Jojo

In der Nähe des Bahnhofs Enge lag das Schulhaus Lavater, umgeben von Baustellenlärm und dem Dröhnen von Maschinen. Hier, in der einst lebendigen Schule, wurde alles demontiert. Die Geschichte handelt von der 1. Sek A, die ihr Klassenzimmer leerräumte. Bücher, Hefte, Werkzeuge und Möbel wurden aus dem Raum entfernt. Als alles weggeräumt war, verliessen die Kinder den Raum, um ihn nie wiederzusehen. So viele Erinnerungen wurden in diesem Klassenzimmer kreiert. Aber es war nötig, alles hinter sich zu lassen, denn man konnte nicht zulassen, dass ein Vorfall wie dieser sich wiederholte. Es war Zeit, das geliebte alte Schulhaus zu zerstören und das neue, lebendige Lavater aufzubauen.

Es begann an einem Montagmorgen im Dezember, in der ersten Schulstunde Natur und Technik. Die Schüler der 1. Sek A sassen an ihren Plätzen und warteten darauf, dass ihr Lehrer, Herr Wallis, ein Mann mittleren Alters, sie begrüsste. «Einen schönen guten Morgen, meine Lieben», begrüsste er sie mit guter Laune. Doch die positive Stimmung endete abrupt, als die Tür aufgestossen wurde. Ein Junge mit einem aussergewöhnlich grossen Körper namens Rudolf sprang durch die Tür. Er warf einen kurzen Blick auf die Uhr und dann zurück zum Lehrer. Herr Wallis zückte seine gelben Notizzettel und seinen geliebten roten Kugelschreiber. Jedes Kind wusste, was das bedeutete – Rudolf hatte sich einen Eintrag eingehandelt.

«Warten Sie, Herr Wallis, ich schwöre, es war nicht meine Schuld», versuchte Rudolf dem Lehrer zu erklären, der ihm einen bösen Blick zuwarf. «Frau Grünberg hatte mich um Hilfe gebeten, deshalb bin ich zu spät gekommen.» Diese Erklärung wäre überzeugend gewesen, um einen Eintrag zu vermeiden, wäre da nicht eine Klassenkameradin mit einer Brille gewesen, die alles gesehen hatte. Sie hob ihre Hand und sagte: «Entschuldigung, Herr Wallis, aber ich glaube, Rudolf hat sich die ganze Geschichte nur ausgedacht.» Alle Augen richteten sich auf Diana, und sie fuhr fort: «Ich habe Frau Grünberg heute Morgen beim Einkaufen gesehen. Offensichtlich hatte sie heute frei, also ist es unmöglich, dass sie ihn aufgehalten hat.» Rudolf starrte Diana an, sein Gesicht wurde vor Ärger und Unglauben knallrot. Herr Wallis nickte, während er Rudolfs Vergehen auf seinen gelben Zettel schrieb.

Es waren schon zehn Minuten vergangen, als die Klingel läutete, aber der Lehrer hatte noch nicht einmal einen Satz beendet. Nachdem sich Rudolf auf seinen Platz gesetzt hatte, begann Herr Wallis wieder von vorn: «Also öffnet alle eure Hefter, sodass ich sehen kann, ob ihr eure Hausaufgaben gemacht habt.» Die Schüler begannen langsam, ihre Hefter zu öffnen, als plötzlich das Telefon in der Ecke des Raumes läutete. Herr Wallis, etwas irritiert über die Unterbrechung, ging zum Telefon und nahm den Hörer ab. «Ja, hier ist Herr Wallis», sagte er, während die Klasse neugierig zu ihm auf sah. «Ah, Herr Wallis, hier ist Herr Thompson aus dem Verwaltungsbüro», erklang eine Stimme am anderen Ende der

Leitung. «Entschuldigen Sie die Störung, aber wir benötigen dringend Ihre Hilfe. Es gibt ein kleines Problem, das sofortige Aufmerksamkeit erfordert.» Herr Wallis runzelte die Stirn, als er hörte, dass er gebraucht wurde. Er wandte sich an die Klasse und sagte: «Entschuldigt mich bitte für einen Moment, ich werde schnell zurück sein. Setzt eure Arbeit fort und bleibt ruhig.»

Von seinem Platz aus starrte Rudolf Diana mit einem zornigen Blick an. «Was hast du für ein Problem mit mir, du Fettsack?», brüllte er durch das Klassenzimmer. Diana schaute schockiert zu Rudolf und erwiderte: «Wie hast du mich gerade genannt? Wage es nicht, das noch einmal zu sagen. Ich schwöre, du wirst das bereuen!» Bevor Rudolf das Mädchen weiter beleidigen konnte, mischte sich schnell die Klassensprecherin ein. Sie trug übergrosse Kleidung. «Rudolf, benimm dich mal!», befahl sie laut und deutlich. «Nur weil der Lehrer kurz weg ist, bedeutet das nicht, dass du einfach durch das Klassenzimmer schreien kannst.» «Zisch ab, Maria, niemand hat mit dir geredet, halte dich da raus!», sagte er und brachte sie zum Schweigen. Die beiden Mädchen schauten böse zu Rudolf, während seine Freunde Kricko und Elias ihn anfeuerten und jubelten.

Es herrschte plötzlich ein lautes Summen im Raum, gefolgt von einem dumpfen Knall. Die Lichter flackerten und erloschen dann komplett, die gesamte Klasse tauchte in absolute Dunkelheit. Ein paar Sekunden lang hörte das Geschrei auf und sie bewegten sich nicht von ihren Plätzen weg, dann brach wieder das Chaos aus. Schreie ertönten, Stühle wurden umgeworfen, und Schüler riefen durcheinander, aber diesmal nicht aus Spass, sondern aus echter Angst. Zwei Mädchen fielen vor Angst in Ohnmacht. Diejenigen, die nahe beieinandersassen, tasteten sich im Dunkeln ab, während andere beim Herumrennen gegeneinander stiessen. Rudolf, der sich in der Nähe von Diana befand, stiess versehentlich gegen ihren Tisch, was zu einem lauten Geräusch von Büchern und Stiften führte. «Verdammt noch mal, Rudolf, pass auf!», schrie sie inmitten des Chaos. Ihre Worte konnten in diesem Chaos nicht gehört werden. Die Klassensprecherin, Maria, gab ihr Bestes, Ruhe zu bewahren. «Leute, bleibt ruhig! Es wird sicher gleich wieder alles in Ordnung sein», rief sie, aber ihre Worte halfen gar nicht.

Plötzlich erklang eine dröhnende Stimme aus der Dunkelheit: «Haltet alle zusammen, bleibt ruhig und bewegt euch nicht zu viel, damit niemand stolpert!» Es war Herr Wallis, der zurückgekommen war, um die Klasse zu beruhigen. Er tastete sich durch den Raum, bis er den Sicherungskasten fand und versuchte, das Problem zu beheben. Nach endlos scheinenden Minuten, die von aufgeregten Stimmen und tastenden Händen begleitet wurden, flackerten die Lichter wieder auf und erstrahlten schliesslich im Raum. Ein erleichtertes Seufzen durchzog die Klasse, als die Elektrizität zurückkehrte. Herr Wallis, etwas ausser Atem, richtete sich an die Klasse und brüllte: «Was habt ihr da gemacht?» Das ganze Zimmer sah aus wie ein Kriegsgebiet. Stifte, Stühle, Tische und Blätter lagen überall auf dem Boden.

Aber nicht nur in dem Klassenzimmer der Sek 1A herrschte ein Riesenchaos, sondern in allen Klassen der Schule. Anscheinend waren die Kinder, ohne Beaufsichtigung der Lehrer, einfach, wild und chaotisch geworden, was zu einem grossen Problem führte. Die Elektrizität schaltete sich nicht zum ersten Mal aus. Die Eltern der Schüler hatten Angst, dass ihre Kinder wegen der Umstände des Schulhauses verletzt werden könnten. Aufgrund dieser Gründe musste das Schulhaus Lavater neu gebaut werden, und die Kinder mussten ihre Sekundarschule vorübergehend in Leimbach abschliessen.

Nach anderthalb Jahren sind die Schüler von Herrn Wallis nun fast an ihren Berufsschulen angekommen. In einem eher leblos wirkenden, weissen Container. Viele fühlten sich traurig, als sie realisierten, dass sie ihr altes, geliebtes Schulhaus nie wiedersehen würden. Doch die neuen Schüler der Sekundarstufe 1A werden es schaffen, dass alte Schulhaus wieder zu beleben.

# EIN NEUES KAPITEL
## von Deva Daniel

***Der Übertritt der 6.Klasse in die 1.Sek***

Der Übertritt denke ich war für viele Leute nicht einfach. Besonders nicht für die Leute, die aus einer Privatschule oder ganz allein ohne jemanden zu kennen in die Klasse kamen. Es gab Personen, die sofort Freunde fanden, doch es gab auch Leute, die den Anschluss zu den anderen nicht einfach fanden.

Bei uns war es so, dass die Hälfte der Klasse aus einem Schulhaus aus zwei Klassen kam. Dadurch kannten sie sich alle schon. Der Rest kam in kleineren Gruppen. Es gab auch ein paar Personen, die niemanden kannten. Doch alle freundeten sich schnell an und konnten auch schnell einen Anschluss finden.

***Meine Gedanken vor dem ersten Schultag***

Ich fragte mich: Werde ich Freunde finden?, werde ich mich in der Klasse wohl fühlen?, werden es nette Menschen sein?, wird es anstrengend sein? oder werden wir viel Hausaufgaben oder Tests haben? Diese Fragen gingen mir die ganze Zeit durch den Kopf.

### Meine Gedanken jetzt nach ein paar Monaten

Es war am Anfang eine Umstellung, weil ich Frühschule habe und mit dem Zug gehe muss. Ich muss ungefähr um 6.30 losgehen, wenn ich dann noch Spätstunde habe, komme ich meistens erst um 17.00 zuhause an. Ich bin also um die 10 Stunden am Tag unterwegs. Wenn ich mal am Mittag nachhause will, habe ich nicht wirklich viel Zeit, weil man zuerst auf den Zug sprinten muss, dann kurz das Essen herunterschlingen und dann muss man auch wieder gehen. Wenn man dann auch noch selbst kocht, ist es noch stressiger. Doch wenn man in der Schule isst, vergeht der Mittag extrem langsam vorbei und man wünschte sich die Schule würde früher anfangen, damit man früher nach Hause gehen kann. Doch gleichzeitig gefällt es mir im Lavater auch im Provisorium, weil es nur sechs Klassen sind weiss man so ungefähr, wer im Schulhaus ist. Auch in der Klasse habe ich schnell Freunde gefunden, die ich auch sehr mag, trotzdem war ich froh mit ein paar aus meiner alten Klasse zusammen zu sein, weil es auch manchmal gut ist jemand so richtig zu kennen.

Bei mir ist es so, dass ich am Abend sehr erschöpft bin und auch immer wieder ein Wochenende und Ferien brauche. Was mir auch aufgefallen ist, dadurch das es in der Nähe eine Migros hat, gingen ich und meine Freunde am Anfang praktisch jeden Tag dort hin und kauften fast jedes Mal irgendwas. So gaben wir sehr viel Geld in der Migros aus.

Etwas das mir auch aufgefallen ist, dass die Jungs in der Klasse einfach unreif sind, Bodyshaming machen, den Hitlergruss nachahmen, rassistisch sind oder andere doofe Sachenmachen, die nicht angebracht sind. Ich finde das so etwas nicht geht. Ich selbst nahm diese Gesten nicht sehr persönlich, doch ich denke es trifft jede*n ein bisschen, wenn man für sein Äusseres bewertet wird und niemand hat das Recht jemand für sein Äusseres zu bewerten, denn jeder Körper ist perfekt so wie er ist. Besonders in der Pubertät verändert sich der Körper und ich denke das merkt man selbst auch, doch dafür kann man nicht wirklich viel.

Doch jetzt ist es seit ein paar Tagen bzw. Wochen besser. Wir verstehen uns alle auch viel besser. Ich finde eines der wichtigsten Dinge in der Schule ist, sich mit den Leuten gut zu verstehen, damit solche Konflikte nicht passieren.

### *Was stelle ich mir für die Zukunft vor?*

Ich würde gerne ins Gymnasium gehen. Doch warum ich eigentlich ins Gymi will, ist weil ich gerne Medizin studieren möchte und darum die Matura brauche. Um die Matura machen zu können, muss man nicht unbedingt ins Gymnasium gehen. Man kann auch zuerst 3 Jahre in die Sekundarschule und dann mit einer Lehre oder nach der Lehre individuell die BMS machen.

# EMMA IM LABOR
## von Mily Lo Giusto

An einem Freitagmorgen geht Emma in das Labor, in dem sie arbeitet, heute hat sie einen wichtigen Test, den sie nicht verderben kann. Es wird getestet, wie gut sie mit den Chemikalien umgehen kann und ob sie geeignet ist für diesen Beruf. Emma ist sehr nervös, weil dieser Test ihre Zukunft bestimmen wird. Emma ist im Labor angekommen und bekam gleich ein Blatt auf dem stand, dass sie ein Gemisch zusammen mischen wird. Die Farbe war vorgegeben, die Chemikalien muss sie selber finden.

Sie bereitet alle Chemikalien vor und kommt sehr gut vorwärts. Aber dann denkt sie an ihre Zukunft und vermischt versehentlich die falschen Stoffe. Es gibt eine kleine Explosion und viel Rauch. Der Rauch verschwindet für lange Zeit nicht. Der Rauch ist verschwunden und Emma sieht die Laboranten, die sehr verärgert sind. Die Laboranten sagen Emma, dass sie den Test nicht bestanden hat und dass sie nachhause gehen soll. Sie sehen sich das Gemisch genauer an und denken, dass es eine Medizin gegen eine Erkrankung ist. Sie testen es und merken, dass es wirkt.

Zwei Tage sind vergangen und die Laboranten schicken Emma eine Nachricht, dass sie ein Mittel gegen eine Erkrankung hergestellt hat und das sie eingestellt wird. Emma ist sehr glücklich und macht sich direkt auf den Weg in das Labor. Sie arbeitet jeden Tag in dem Labor und ist sehr glücklich, weil sie viele weitere Heilmittel erfinden kann.

Eines Tages hat sie anstatt eines Heilmittels, ein Gift erfunden. Als sie das Gemisch getestet hat, war sie sehr enttäuscht, da sie ein halbes Jahr daran gearbeitet hat und viele Ressourcen aufgebraucht hat. Als die Laboranten herausfanden, was sie getan hat, waren sie kurz davor sie zu kündigen, doch taten es nicht, weil Emma eine sehr fleissige Mitarbeiterin ist. Leider kam es schon öfters dazu, dass das Heilmittel nicht funktioniert, weil sie manchmal sehr unkonzentriert arbeitet. Sie braucht so viele Ressourcen auf, dass sie gekündigt wurde. Emma ist sehr traurig und enttäuscht.

Für die nächsten Tage bewirbt sie sich bei anderen Laboren, doch niemand nimmt sie an. Schlussendlich gibt sie auf. Jahre vergehen und es hat sie immer noch niemand angenommen.

Dann bekommt sie die Idee, ein eigenes Labor zu eröffnen, doch leider hat sie zu wenig Geld dafür. Also muss Emma sich überlegen, wie sie schnell und einfach Geld verdienen kann. Sie entschied sich, bei mehreren kleinen Jobs anzufragen, doch niemand nimmt sie an.

Es war schon Abend und Emma läuft über eine Strasse und sieht ein Auto nicht kommen. Plötzlich liegt sie am Boden. Als sie wieder aufwacht, liegt sie im Spital und sieht einen Mann mit mehreren Bodyguards. Emma fragt, was passiert ist. Der Mann sagt, dass sie in einen Autounfall geraten ist und dass sein Fahrer sie angefahren hat. Der Mann sagte, dass es okay wäre, wenn sie ihn anzeigen würde, doch Emma sagte nein.

Ein Arzt kommt in das Zimmer, und der Mann sagt, dass er alle Kosten übernehmen wird. Emma realisierte, dass der Mann, der sie angefahren hatte, reich ist. Er fragte Emma, warum sie ihn nicht anzeigen, würde. Emma antwortet: ''Sie sind ein netter und guter Mann.'' Der reiche Mann stellt sich vor mit dem Namen Ronald. Sie haben einen kleinen Smalltalk und verabreden sich für einen Café.

Zwei Tage später sind sie im Café und unterhalten sich miteinander, dann erfährt Ronald, dass Emma bei der Prüfung im Labor durchgefallen war und wollte ihr eine Freude mache, deshalb beginnt Ronald, Emma ein eigenes Labor aufzubauen. Emma freut sich sehr und bedankt sich.

Mehrere Jahre später treffen sich Ronald und Emma wieder im Café. Emma erzählte, dass sie dank ihrem eigenen Labor sehr viel Geld verdient hat. Ronald freut sich für Emma und sie bedankt sich erneut für das Labor und dass sie niemals so weit gekommen wäre ohne seine Hilfe.

## Wenn du etwas Gutes tust,
## bekommst du etwas Gutes zurück.

# GEWINNEN, UM ZU RETTEN UND RETTEN, UM ZU GEWINNEN
von Ilaria Ogando

**6.11.23**

Als ich neu in die Schule Lavater kam, also ins Provisorium, das sich in Leimbach befand, empfingen mich drei nette Kinder, deren Namen sich als Tom, Mia und Fyodor herausstellten. Wir wurden schon bald darauf zu besten Freunden und nannten unsere Gruppe die Crew. Doch von Zeit zu Zeit wurden die Tage im Provisorium einseitiger. Wegen des grossen Gebäudes der Schule Falletsche konnten wir immer nur den gleichen Weg ums Gebäude in der Pause drehen. Doch zum Glück gab es die Crew, ohne sie hätte ich es damals nicht überlebt.

*10.11.23*

Doch an diesem Tag wurden alle Schüler des Lavater Provisoriums aufgerufen auf den Sportplatz Falletsche zu kommen. Alle dachten es sei ein Feueralarm. Doch als unser Schulleiter schweigend vorne stand, wussten alle es handelt sich um etwas Ernstes. Zuerst wartete er 5 Minuten lang bis alle ruhig waren und dann holte er tief Luft und teilte allen mit, dass die Schule leider vor dem Bankrott stehe und sie die Renovierungen nicht voll bezahlen können... dies schockierte alle und so fragten die einten was denn nun passiere und da kam der Schock für alle... wenn die Schule nicht in der Lage ist, die Renovationen zu bezahlen, muss sie schliessen...

Eines Tages erfuhren sie von einem Tanzwettbewerb, der in ihrer Stadt stattfinden sollte. Die Crew war sofort begeistert und beschloss, daran teilzunehmen. Sie wussten, dass es eine Herausforderung werden würde, aber sie waren bereit, alles zu geben.

Die Vorbereitungen begannen. Die Crew traf sich regelmässig, um neue Moves zu entwickeln und ihre Choreografien zu perfektionieren. Sie übten stundenlang, um sicherzustellen, dass jeder Schritt sitzt und ihre Performance beeindruckend sein würde.

Der Tag des Wettbewerbes kam endlich. Die Crew war aufgeregt und eine wenig nervös, aber sie hatten Vertrauen in ihre Fähigkeiten. Als sie die Bühne betraten, spürte man die Energie und die Leidenschaft, die sie in ihre Performance steckten.

Runde um Runde tanzten sie sich durch den Wettbewerb. Jede Runde war eine neue Herausforderung, aber die Crew liess sich nicht entmutigen. Sie unterstützen sich gegenseitig und gaben immer ihr Bestes.

Nach vielen anstrengenden Runden und intensiven Auftritten war schliesslich nur noch abzuwarten… auf die Siegerverkündung.

### 22.11.23

Als wir heute in die Schule gingen, waren wir sehr aufgeregt, denn die Ergebnisse des Wettbewerbs müssten heute erscheinen. Als uns unser Lehrer einen Umschlag austeilte, wurde uns vor Aufregung übel.

Als wir ihn langsam öffneten, nahmen wir mit zitternden Händen das Blattpapier heraus. Als ich das gefaltete Papier langsam öffnete, las ich als erstes die Worte «Liebe Crew», als ich weiterlas, fiel mir die Kinnlade runter....

### 21.12.23

Heute war ein wichtiger Tag, denn das Lavater wurde…

## wieder eröffnet!

Alle standen in eleganten Kleidern/Anzügen vor dem Schulhaus. Alle applaudierten, als wir (die Crew) den breiten Eingang der Schule betraten. Der Schulleiter hielt eine Dankrede an uns, da wir mit dem Preisgeld von 25.000 Franken die Schule retten konnten.

Mit viel Freude tanzten wir den ganzen Abend bis in die Nacht hinein und genossen alle zusammen den Winterball im Schulhaus Lavater.

# DER TODESLIFT
von Joya Zorbakir
und Luana da Silva Almeida


### *31.10.2015, 9:00: Horrofanti*

**Wer im Lift?** Gloria, die Killerin und Schülerinnen und Schüler
**Wo?** Schulhaus Lavater
**Was?** Gloria, die Killerin sie killt die Schülerinnen und Schüler
im Lift und bringt sie zu Maria
**Wie?** Mit ihrem Messer von der Küche Lavater
**Wann?** am 31.10.2015
**Wer?** Maria, Gloria und Schülerinnen und Schüler

Gloria arbeitet an der Schule Lavater als Lehrerin. Sie bringt
Kinder um, weil sie neue Körperteile braucht, Maria zerlegt
die Kinder, so dass Gloria die gewünschten Körperteile bekommt.


### *31.10.2015: 8:20 Schulbeginn*

Max geht in seine Klasse. Max ist ein Junge, der
dumm ist. Eines Tages gingen Max und Tadeos in
den Lift von der Schule Lavater, aber dann sahen sie Gloria mit einem Messer zwischen ihren
Zähnen oben an der Decke. Tadeos und Max zählten einmal kurz

und schon stand Gloria direkt neben ihnen. Sie schaute ernst und grinste dann danach breit. Max und Tadeos hatten sehr grosse Panik, doch sie wussten nicht, was sie erwartet. Der Lift ging immer schneller und schneller runter. Plötzlich hielt der Lift an und blieb stecken. Das Licht stockte die ganze Zeit.

Max und Tadeos kreischten so sehr und versuchten die Lifttür aufzubrechen. Doch plötzlich schaltete sich das Licht ab und sie sahen gar nichts mehr, nur schwarz, ausser Glorias gelb leuchtende Augen waren zu sehen. Kurz daraufhin gab es einen schnellen, hellen Blitz, und der Boden öffnete sich zu einer Bodenluke. Tadeos und Max fielen 10 Meter in die Tiefe hinunter. Max und Tadeos schrien und kurz darauf prallten sie auf den harten Boden. Sie waren nicht ganz bei Bewusstsein, sie nahmen nichts aus der Umgebung wahr. Nach einer Weile kamen Max und Tadeos wieder zu Bewusstsein, sie merkten schnell, dass etwas nicht stimmte. Sie waren in einem Käfig gefangen. Der Käfig stand in einem Raum, der sehr gross war mit vielen Laborsachen und auch eine Küche war darin. Sie entdeckten am Ende des Raumes noch weitere Käfige mit anderen Kindern drin. Der Anblick der Küche liess ihnen einen Schauer über den Rücken fallen. Ihre Gesichter wurden kreideweiss und sie trauten ihren Augen nicht. Da stand eine Frau mit einer Kochschürze in der Küche und schnitt irgendwas. Max und Tadeos sahen nicht ganz, was sie macht. Sie erschraken sich, als sie bemerkten, dass auf dem Küchentisch ein toter Mensch lag. Sie trauten keinen Mucks von sich zu geben, da sie die Frau namens Gloria nicht auf sich aufmerksam machen wollten. Es wurde Nacht und Maria ging schlafen. Max und Tadeos waren hellwach, sie hatten zu fest Angst, dass sie umgebracht werden. In derselben Nacht hörten sie kleine Schritte und eine fast nicht hörbare Stimme. Plötzlich stand vor ihrem Käfig eine Ratte. Kurz danach fing die Ratte an zu sprechen. Tadeos und Max trauten ihren Augen nicht: «Ist das ein Traum?», fragte Tadeos die Ratte. Doch nein, war es nicht, die Ratte konnte wirklich die Sprache der Menschen sprechen. Sie sprach darüber, dass diese Frau ein schlimmer Mensch sei und dass sie alle killen würde. Die Ratte half Max und Tadeos aus dem Käfig heraus. Sie mussten sehr still sein, da Maria am Schlafen war. Max und Tadeos wussten nicht, wie raus, da der einzige Ausgang mit Laser und Riegel verschlossen war. Max und Tadeos dachten, dass sie nie mehr aus diesem Raum kamen. Plötzlich sagte die Ratte, dass sie das Passwort kannte. Tadeos und Max waren überglücklich. Bei dem Lauten Freudenschrei, wachte Maria auf und schaute nach. Doch sie haben es schon durch die Tür geschafft. Endlich waren sie frei. Sie rannten so schnell sie konnten zur Schule. Mittlerweile war es schon 6 Uhr morgens und sie schauten, ob jemand in der Schule war. Nach einer Weile kamen viele Kinder in die Schule. Max und Tadeos warnten alle Schülerinnen und Schüler vor Gloria und Maria. Doch fast niemand glaubte ihnen. Die, die ihnen glaubten wechselten alle die Schule. Doch die, die es nicht glaubten, wurden am nächsten Tag von Gloria getötet. Das ging eine Woche lang. Jeden Tag dasselbe, Gloria killt Kinder, bringt sie dann zu Maria, Maria bearbeitet es und dann gibt es das Menschenfleisch der Kinder zu essen. Eines Tages kam einen Dino zu Tadeos und Max. Max und Tadeos erschraken sich mit einen XXL Dino vor ihnen. Sie rannten sehr schnell, aber Max fiel auf den Boden und plötzlich redete der Dino mit ihnen. Max und Tadeos haben den Dino gefragt, wie er hierhergekommen ist und warum er so gross war. Er antwortete brummend, dass er eigentlich ein kleines Kuscheltier ist. Er war ein Kuscheltier von einem Mädchen, das gefangen wurde.  Er war auf den nassen Boden gefallen. Auf dem Boden waren Chemikalien auf dem Boden verschüttet und kaputt.

Er fiel in eine Chemikalie, woraufhin er sich in einen echten Dino verwandelte. Erklärte der Dino traurig. Max und Tadeos wollten ihm helfen wieder normal zu werden, sie überlegten eine Weile, und kamen zu dem Schluss, dass er noch einmal in diese Chemikalie gehen soll. Der Dino war sehr überrascht, dass sie ihm helfen wollten. Nun wollte er ihnen auch helfen, ihm fiel ein, dass er sie leicht töten könnte, um so das Schulhaus und alle Kinder zu retten, und das hatte er jetzt auch vor. Er drehte sich um und suchte Maria und Gloria, plötzlich bemerkten sie, dass ganz viele Polizeiautos da waren. Die Polizei suchte auch nach Maria und Gloria. Gloria und Maria merkten schnell, dass sie gesucht werden. Sie packten all ihre Sachen und gingen schnell zum Flughafen. Sie haben einen Flug nach Mexiko gebucht und konnten schon in ein paar Stunden losfliegen. In der Zwischenzeit hat sich Dino verwandelt und ist jetzt wieder ein normales Kuscheltier. Er hatte etwas Magisches an sich, denn als er die Chemikalien berührte, wachten alle Kinder sofort aus dem Tod auf und waren kerngesund. Max und Tadeos waren überfordert; alles ging so schnell. Sie stellten sich nur eine Frage: «Wo ist denn der DINO??»

## War das Schulhaus nun gerettet?

# EIN VERLASSENES SCHULHAUS

## von Izhan Martin-Nieto

Es ist der 6. November 2036 und wir befinden uns im Schulhaus Lavater, dass von den Menschen verlassen wurde. Schon seit 2025 war dieses Schulhaus verlassen, weil die Kinder in ein neues renoviertes Schulhaus umgezogen sind.

Es gab einmal einen interessierten Besucher, der zufälligerweise ein Wissenschaftler ist. Er hatte sich das Schulhaus früher im Jahr 2036 angeschaut und war sehr interessiert, was die Geschichte dahinter ist. Er hat sich entschieden am 6. November das Schulhaus genauer anzuschauen.

Das erste Mal, als er einen Fuss in ein verlassenes Territorium gewagt hat, fühlte er sich sehr unwohl. Er hörte ein merkwürdiges Geräusch aus einem Raum. Aber das Schulhaus hatte viele Löcher, die aufgerissen wurden von unbekannten Tieren.

Als er vor der Tür war, hat er ein Metallschild mit Text gefunden. Er lass vor:

***Dieses Schulhaus stand zum Verkauf im Jahr 2026***

Aber dieses Angebot ist schon längst abgelaufen im Jahr 2030. Es war eine Telefonnummer draufgesprayt: 079 207 27 28. Der Wissenschaftler schrieb die Telefonnummer aufs Post-it-Note.

Der Wissenschaftler überlegte sich, ob er ins Gebäude reingehen sollte. Er hatte alles dabei, was er brauchen könnte.

Er ging ins Gebäude. Das Erste, was er sah, war eine offene Toilette. Die Lichter flackerten, das heisst dass jemand im Gebäude schon drin ist. Der Wissenschaftler hatte ein komisches Gefühl, aber falls was passieren soll, hat er Waffen dabei, die die unbekannten Lebewesen betäuben können.

Er hörte ein merkwürdiges Geräusch. Es hört sich wie ein Rascheln an. Er ging den Ton immer näher als er in die Tür langsam ohne ein Ton hineinschauen. Er sah Blätter, die am Boden überall verteilt waren. Deswegen hörte er ein Rascheln in diesem Gebäude. Er sah aber ein Blatt, das auf einem Tisch lag, er schaute kurz auf das Blatt. Auf diesem Blatt waren viele Informationen wie merkwürdige Nummern draufgeschrieben. Der Wissenschaftler nahm das Blatt und verschwand schnell aus dem verlassenen Schulhaus.

Als er zuhause angekommen war, schaute er das Blatt genauer an. Da war dieselbe Telefonnummer aufgeschrieben wie auf dem Metallschild. Da waren auch Namen auf dem Blatt. Da stand drauf:

Lina (eingesperrt)
Zino (eingesperrt)
Leoni (am suchen)
Da war der Name des Wissenschaftlers (Robert)

Der Wissenschaftler weiss nicht, ob das Zufall ist oder ob es wirklich sein Name ist. Vielleicht war es ein Schüller der denselben Namen hatte wie der Wissenschaftler. Hinten auf dem Blatt stand drauf:

Ic weder ieuch faunden
(Ich werde euch finden)

Der Wissenschaftler ging schnell in seiner Labor. Er schaute sich das Blatt genauer an. Es war eine Unterschrift zu sehen, die weiss auf das Blatt geschrieben war.

Die Unterschrift kam dem Wissenschaftler bekannt vor. Er nahm die Lupe und erkannte, dass es eine Schrift war von einem seiner Lehrer, der ihn unterrichtet hat.

Er rief schnell die Nummer an, die auf der Tafel geschrieben war. Und er hörte eine Stimme, die ihm sehr bekannt war.

Es war Herr Schmid - der Hortleiter.

Er sagte, dass er im Jahr 2025 das Schulhaus als letztes verlassen hat und dass er die Nummer auf die Tafel geschrieben hat.

Er rief schnell alle seine Kollegen an, die und versuchten das Schulhaus wieder zum Laufen zu bringen. Zuerst haben alle eine Waffe genommen. Der Wissenschaftler hat alle seine 5 Kollegen mitgenommen, die gerade beim Militär waren. Und alle hatten eine unterschiedliche Waffe.

Der Wissenschaftler selbst hatte die wichtigste Waffe: die Betäubungspistole.

Sie gingen schnell ins Schulhaus, wo der Wissenschaftler

das Blatt gefunden hat. Er fand eine liegende Kreatur. Diese sah aus wie ein unbekanntes Tier mit vier Beinen, das so ein ähnliches Aussehen hat wie ein Tiger mit verschiedenen Farben.

Alle gingen leise näher an ihn ran. Aber am Boden zerbrach ein Stock und die Kreatur wachte auf. Sie haben gemerkt, dass sie ein Problem hatten.

Sie rannten alle schnell, aber der Wissenschaftler hatte seine Geheimwaffe ausgepackt und betäubte die Kreatur genau als die Kreatur auf ihn sprang.

Die Kreatur fiel auf dem Boden. Alle haben versucht die Kreatur zu tragen - mit Erfolg. Sie mussten aber schnell machen, weil das Betäubungsmittel nicht lange wirkt.

Sie schauten es unter dem Mikroskop an. Der Wissenschaftler sah ein Virus, an welchem nur Tiere erkranken können. Als er Online nachgeschaut hat, war es einer der wahrscheinlich letzten Tiere, die das Virus hatten; deswegen auch die verschiedenen Farben.

Wenn der Wissenschaftler gebissen worden wäre, wäre er nach ein paar Stunden gestorben, weil das Virus schnell das Immunsystem angegriffen hätte.

Sie haben sich alle entschieden, die Kreatur zu töten, bevor sie aufwacht. Einer seiner Kollegen hatte eine starke Laserwaffe. Er machte sie an und schoss mit maximal Power auf die Kreatur und nach ein paar Sekunden ist vom Tier nichts übrig geblieben ausser Asche.

Jetzt haben sie keinen Grund mehr, sich Sorgen zu machen. Aber sie gingen alle nochmal zum Schulhaus und schauten jedes Zimmer an.

Sie waren fast einen Monat jeden Tag im Schulhaus und schauten sich jede Ecke an. Sie sahen aber nichts, also haben sie sich alle entschieden das Schulhaus in eine grosse Villa zu renovieren.

Sie haben den Hortleiter Herr Schmid wieder angerufen und er sagte, das dieses Schulhaus niemanden gehört, und dass sie es renovieren könnten, wenn sie wollten. Alle freuten sich und machten sich an die Arbeit.

Ein paar Jahre später haben sie es geschafft das ganze Schulhaus in eine Villa zu transformieren und lebten alle glücklich für immer.

***Happy End***

# DIE REISE MIT DER ANGST

## von Ferdusi Jannat Chowdhury und Jill Brink

Wann fingen die zerreissenden Schmerzen an, die mir verkündeten, dass nichts mehr so sein konnte, wie es mal war? Wieso verstehen nicht mal meine Eltern mich? Ich will es nur noch einmal so leben, wie es früher war. Doch Dank meiner Krankheit ist dies nicht mehr möglich.

Nach der Schule sollte ich zum Arzt gehen. Doch alles in mir weigerte sich einen Schritt in das Gebäude zu setzen. Die Hoffnungslosigkeit ist deutlich greifbar zu spüren. Die bedrückte Stimmung ist zu viel für mich. Es war mitten im Unterricht, als ich mich entschied, nie im Krankenhaus anzukommen. Es war genau eine Stunde, die mich vom Krankenhaus trennte.

«Was ist denn bei so einer Reise nötig?», dachte ich mir und schaute mich suchend um.

Die Uhr über der Türe, die mit einem lauten Ticken tickte, fiel in mein Blickfeld.

Sicher wäre eine Uhr sinnvoll, aber mit meinem Handy könnte ich leicht zu orten sein. Ich brauchte nicht lange zu überlegen, bis mir einfiel, dass meine Mutter eine Uhr besass, die sie nicht benutzte. Ich lächelte leicht. Es war ein Geburtstagsgeschenk von mir an sie. Auf einen kleinen Zettel schrieb ich alles, was ich brauchte. Ich mache mir eine schöne Woche, ganz allein, dachte ich und drehte mich im Stuhl. «Louise!», unterbrach mich meine Lehrerin. Erschrocken setzte ich mich steif gerade hin.

«Geht es dir gut?», fragte mich die Lehrerin. «Ehrlich gesagt, ist mir ziemlich schlecht zumute. Ich glaube, ich sollte früher losgehen», lüge ich darauf los. Die Lehrerin schaute mich lange an, sodass ich das Gefühl bekam, dass sie meine Absichten durchschaut hatte. Schliesslich wendete sie ihren Kopf zu mir und fragte: «Soll ich deine Mutter anrufen?» Ich schüttelte den Kopf, achtete darauf nicht hastig zu reden: «Nein, nicht meine Mutter. Sie ist jetzt am Arbeiten. Ich habe bereits meinen Vater gefragt. Er kommt gleich und holt mich ab.» Ich verabschiedete mich bei meiner Lehrerin und lief aus dem Zimmer. Draussen kicherte ich leise vor mich hin. Ist ja super gelaufen! Gerade zwei Lügen in einem Satz. Um diese Uhrzeit ist meine Mutter bei meiner Grossmutter, denn sie ist in einem sehr zerbrechlichen Alter. Und Vater ist auf der anderen Stadtseite, der hatte uns schon lange bevor ich geboren war, verlassen. Ich hatte ihn früher noch ein paar Mal zu Gesicht bekommen, aber mehr war da auch nie drinnen. Er wäre der letzte, den ich bei einem Notfall, anrufen würde. Mit entschlossener Miene verliess ich das Schulhaus.

Ich hatte meine Jacke fest um mich umschlungen. Ich hatte spontan einen Stift auf der Karte gedreht und mein Reiseziel durch das Schicksal bestimmen lassen. Wie es das Schicksal entschied, deutete der Stift auf die Stadt, in der mein Vater lebte. Ich werde ihn halt mit einem Besuch überraschen, dachte ich. Ich hatte ohnehin vorgehabt ihn noch vor Heiligabend zu sehen.

Vollbeladen stand ich an der Haltestelle und wartete auf den Bus. Als der Buschauffeur mich begrüsste, zuckte ich zusammen. Als ich mich an einen freien Platz setzte, schnaufte ich mehrmals durch. Ich lehnte mich im Bus zurück. Ob meine Mutter mich sucht? Ich habe bloss einen Zettel hinterlassen auf dem steht, dass ich schon bald zurückkommen werde und sie bitte die Polizei nicht anzurufen. Ich werde sie extra noch mal später von einer Telefonzelle anrufen.

Von zuhause habe ich die Uhr geholt. Ich habe aber auch ein bisschen Geld, Essen und Trinken sowie ein paar Kleider mitgenommen. Als ich im Bus war, überlegte ich ob das vielleicht doch ein Fehler war abzuhauen. Ich rief aber meine Mutter an, sobald ich eine Telefonzelle gefunden hatte. Aber ich wüsste noch nicht, was ich sagen sollte. Ich rückte mein Nackenkissen zurecht. Draussen regnete es. Im Winter ist Regen einfach nur grässlich. Der hinterbliebene weisse Schnee wird dann zu braunem dreckigen Matsch, auf den sich niemand freut. Die vorbeiziehenden Orte beruhigten mich, dennoch hatte ich das Gefühl, dass an meiner Stirn mit roter Schrift «ich bin abgehauen» steht. Ich schaute mich unauffällig im Bus um. Niemand nahm eine Notiz von mir. Ich seufzte nochmals. Bis zu meinem Vater waren es mehrere Stunden. Mit dem Auto ginge das viel schneller.

An der Strasse war ich erst mal ratlos. Was jetzt? Langsam fielen die Schneeflocken vom Himmel runter. Wann hat es angefangen zu schneien? Irgendwie hatten die Schneeflocken etwas Beruhigendes an sich. Irgendwas in mir weigerte sich Geld auszugeben, für eine Unterkunft. Ob ich wirklich zu meinem Vater gehen soll?

Die Stadt hat etwas Beruhigendes an sich. Früher war ich oft zum Spielen hierhergekommen. Damals war ich in meinen Träumen die Prinzessin. Ich musste wehmütig lächeln in Erinnerung daran. Manche Sachen können nicht so bleiben wie früher.

Vor der Türe zögerte ich. Ich konnte nicht anklopfen. Jedes Mal, wenn ich meine Hand zum Klopfen anhob, spürte ich Angst. «Was, wenn er mich rauswirft. Oder nichts mehr so ist wie früher? Ist er überhaupt der Vater, den ich einst mal kannte?» Ich biss auf meine Unterlippe. Mit einem entschlossenen Gesicht, ohne gross nachzudenken, drückte ich die Türklinke hinunter. Im Flur hielt ich überrascht inne. Ist das meine Mutter, die hier im Flur stand? Aber was macht sie hier? «Mom?», fragte ich unsicher mit zitternder Stimme. Erschrocken schaute sie hoch. Als sie mich sah, wurden ihre Augen wässerig. Mit wenigen Schritten kam sie zu mir und nahm mich in die Arme, so wie sie es früher gemacht hatte als ich meine Wehen hatte. Plötzlich habe ich den Wunsch mich mal wieder ausweinen zu können. Ich unterdrückte das Gefühl, bevor ich richtig anfange zu flennen.

«Aber... was machst du hier?», fragte ich. Ich hatte zu meiner Mutter schon früher eine gute Beziehung gehabt, dass ich sie duzte. «Als du nicht im Krankenhaus erschienen bist, ist deine Mutter Hals über Kopf hierhergekommen und war der Meinung, dass du schon bald hier auftauchen würdest.», antwortete mir mein Vater, der gerade aus der Türe kam. Meine Mutter schluchzte immer noch an mir - klammernd, was mir langsam zu viel wurde. «Mom...» Sie hob ihre Hand und deutete mir mit einer Handbewegung zu schweigen. «Glaubst du, dass ich dich nicht kenne? Louise hättest du es mir nicht wenigstens sagen können, dass du Angst hast. Hättest du uns nicht deine Ängste erzählen können?» Ich schüttelte den Kopf, spürte aber wie meine Augen wässerig wurden. «Nein, ich bin schon erwachsen», murmelte ich. Ich spürte selbst, wie lahm meine Ausrede war. Mein

Vater kam zu mir und drückte meinen Kopf, zerzauste meine Haare, so dass sie hochstanden. Ich musste mich wegen dem Druck ein wenig bücken. «Du bist selbst als ein Erwachsener ein Problemkind. Aber kommt mal rein und setzt euch. Ihr seid doch sicher hungrig, nicht wahr?» Ich konnte meine Tränen nicht weiter zurückhalten. Ich musste laut aufschluchzen.

Ich habe das an hundert verschiedenen Orten gedacht. Im Schnee. In einem dunklen Wald. Aber an einem Ort sah ich das schöne Licht, das die Stadt, selbst den Schnee um die Wette strahlen lässt. Es ist aber nicht der Ort selbst, den es strahlen lässt. Es waren wir. Wir haben den Lichtfunken gepflegt und ihn lange gehütet, bis er zu einem Strahl wurde, der selbst mit der Sonne um die Wette funkelt. Meine Angst ist nicht aufgelöst. Der Unterschied ist, dass sie von einer einsamen kalten traurigen Angst jetzt eine ehrliche aufrichtige Angst wurde. Ich kann meine Angst selbst sagen. Wenn ich Angst habe, dann tröste ich mich mit dem Gedanken, dass es mich gegeben hat.

Und weil es mich gegeben hat, werden immer Spuren von mir da sein, die über die Erde wehen. Es werden immer Menschen da sein, die mein Werk anschauen können und es bestaunen werden.

# EIN AUSLANDSJAHR IN BARCELONA

## von Zaïna Schweizer, Helena Telch und Giulia Telch

Ich lag noch in meinem kuschelig warmen Bett, als ich von einem süsslichen Duft geweckt wurde. Es roch himmlisch nach meinem Lieblingsschokoladenkuchen, den meine Mutter für mein Abschiedsfest gebacken hat.

In drei Tagen ist es soweit ich werde nach Barcelona reisen, um dort einen Sprachaufenthalt zu machen. Etwa ein Jahr werde ich bei meiner Gastfamilie den Garcias wohnen. Mit voller Vorfreude hüpfe ich aus meinem Bett. Vor einer Woche bin ich 17 geworden, habe aber das Gefühl, dass ich erst vorgestern noch in den Kindergarten gegangen bin. «Guten Morgen Papa, guten Morgen Mama!», tröte ich etwas zu übermütig. Das Abschlussfest verging wie im Flug. Es wurde, getanzt, gesungen und lecker gegessen.

Die darauffolgenden Tage waren etwas schwierig für mich, da ich es noch nicht so ganz realisierte, dass ich bald wegfliegen werde, und meine Freunde, Verwandten und Eltern zurücklassen werde. Am Morgen des Abreisetags klingelt es an der Haustür. Ich, schon voll bepackt mit insgesamt fünf Koffern (und ich gebe zu ich habe etwas übertrieben) einer grossen Reisetasche und einem Reisekissen, stehe da und marschiere zur Haustür. Dahinter steht meine bereits 18-jährige beste Freundin Angelina. Ich nehme sie in den Arm und drücke sie fest. «Hi, wie geht's dir?», fragt Angelina. «Ich bin etwas aufgeregt, kann es kaum glauben das es gleich losgeht!«, erwidere ich mit einer etwas traurigen Miene. Die Fahrt bis zum Flughafen dauert 20 Minuten. Angelina und meine Eltern begleiten mich, worüber ich sehr froh bin, da meine Flugangst mich manchmal wirklich an meine Grenzen bringt.

Nach einer emotionalen Verabschiedung und den tausenden von Sicherheitschecks, sitze ich auch schon im Flieger. Als der Pilot eine Durchsage vor Beginn des Starts macht bekomme ich einen halben Herzinfarkt, da ich wirklich dachte der Flug könnte noch gestrichen werden. Stattdessen hat sich wohl ein Passagier verspätet. Als ich einen jungen Mann am Ende des langen Gangs sehe, stockt mir der Atem. Ich sehe einen etwa gleichaltrigen braunhaarigen Mann, der durch den schmalen Gang des Flugzeugs hindurch stürmt. Er bleibt vor meiner Reihe stehen. Seine grünen Augen treffen auf meine. Als er etwas sagt, höre ich es kaum, da ich so beschäftigt damit war ihn zu mustern. «Entschuldigung ist hier noch frei, das sollte mein Sitzplatz sein», fragt er. «Ähem ja, ja sicher», erwidere ich. Oh Gott, wie peinlich kann man sein. Der junge Mann setzt sich direkt neben mich, da das Flugzeug nur mit jeweils zwei Sitzen ausgestattet ist, sitzen keine weiteren Passagiere neben uns. Mir ist es schrecklich unangenehm, da er mir ständig von der Seite her Blicke zuwirft.

Plötzlich spüre ich etwas Weiches unter meinem Kopf, ich öffne meine Augen und bemerke das ich wohl eingeschlafen bin und es mir an der Schulter des jungen Mannes bequem gemacht habe. Oh nein! Peinlich, peinlich, peinlich! Als ich mich von seiner Schulter entferne, bemerke ich, dass auch er eingeschlafen ist. Eine halbe Stunde später landen wir. Da sich neben mir noch immer niemand bewegt hat, muss ich ihn wohl aufwecken nur wie?

Ich meine ich kenne diesen Typen überhaupt nicht. Ich krame in meiner riesigen Reisetasche herum, bis ich einen Stift ertaste und ihn herausnehme. Nun versuche ich ihn mit dem Stift in den Nacken zu piksen. Was super funktioniert da er daraufhin die Nase rümpft und verschlafen auf mich herunterblickt, er ist sichtlich genervt von mir. Als ich aus dem Flugzeug aussteige, drehe ich mich nochmals um und sehe den braunhaarigen Typen direkt hinter mir. Einige Minuten später steige ich in mein Taxi in der Hoffnung das ich den Typen wieder sehen werde. Der Taxifahrer musterte mich komisch und fragte: «Wohin müssen sie junge Dame?», ich erwidere: «Zu der Strasse namens Via del Raval.» Es wurde schon langsam dunkel als das Taxi endlich anhielt. Ich stieg mit einem Lächeln im Gesicht aber mit etwas Angst aus dem Taxi aus. Vor mir erscheint ein grosses Haus. Die Haustür dekoriert mit Blumen. Ich wollte schon klingeln als ein junger Mann die Tür aufreisst. Warte mal, das war doch der gleiche Typ, der im Flugzeug neben mir sass. «Was machst du hier, verfolgst du mich etwa?», fragt er mich und schaut mich mit zusammen gekniffenen Augen an. «Bin ich hier richtig bei der Familie Garcias?» Er nickt nur und verschwindet wieder hinter der Tür. Ich klingle an der Tür und eine gutaussehende Frau mittleren Alters macht mir auf. Ich vermute es ist seine Mutter. «Du musst die Austauschschülerin sein, die nächste Zeit bei uns wohnen wird richtig?», fragt sie mich freundlich. «Ja, die bin ich», antworte ich höflich. Sie bittet mich hinein und nimmt mir mein Gepäck ab. «Mein Name ist Maria», sagt sie. Das Haus ist riesig, ich vermute sie wohnen noch nicht lange hier, denn im Wohnzimmer stehen Umzugskartons. Sie bringt mich in mein Zimmer und entschuldigt sich für die Unordnung. Mir ist das ziemlich egal, denn ich bin glücklich endlich in meinem Zimmer zu sein, um etwas Zeit für mich alleine zu haben. «Fühl dich wie zuhause!», sagt sie zum Schluss und zieht die Tür langsam zu. Ich setze mich auf den grossen bequem aussehenden Sessel, der vor dem Fenster steht und nehme mein Handy hervor, um meiner Familie zu schreiben. Es ist schon spät, als jemand ins Zimmer kommt. Die Tür geht langsam auf, ich richte mich auf beinahe wäre ich eingeschlafen. Als ich zur Tür blicke, erstarre ich. Es ist wieder der junge Mann aus dem Flugzeug. «Was machst du in meinem Zimmer?!», fragt er völlig entsetzt. «Deine Mutter hat mich hier hingebracht, ich dachte es wäre mein Zimmer», sage ich mit leiser Stimme. Seine Mutter kommt rein. «Was ist hier los?», fragt sie. «Habe ich dir nicht gestern gesagt, dass ihr ein Zimmer teilen werdet?», sagt Maria empört. Er stürmt aus seinem Zimmer die Treppe hinunter. Maria entschuldigt sich für sein Verhalten und bietet mir etwas zu Essen an. Ich lehne dankend ab. Da ich zu müde bin, um mir Gedanken über den vergangenen Abend zu machen, lege ich mich ins Bett und schlafe direkt ein. Ich wache mitten in der Nacht auf, da die Zimmertür leise aufgeht. Ich drehe mich langsam um, ich sehe nur eine dunkle Gestalt, die sich langsam annähert. Sie deckt mich zu. Er hat kalte Finger, ich vermute er kommt von draussen.

Ich erstarrte als er mir die Decke vorsichtig über meine Schulter legt. Als ich am Morgen aufwache, höre einen Wecker klingeln und im nächsten Moment realisiere ich, dass ich nicht in meinem eigenen Bett liege. Neben mir steht ein gutaussehender junger Mann. Was wohl sein Name ist? Er blickt mir kurz in die Augen, aber als ich realisiere, dass er oben ohne vor mir steht blicke ich schnell weg. «Gut geschlafen?», fragt er mich mit einer tiefen Morgenstimme. «Ähm gut», stottere ich. Ich erwische ihn, wie er mich von oben bis unten betrachtet. Ich muss fürchterlich verschlafen aussehen, aber ihm scheint es zu gefallen. Wenige Augenblicke später stehe ich im Bad und putze mir die Zähne. Die Tür öffnet sich hinter mir und der gutaussehende junge Mann steht direkt hinter mir. Er greift an mir vorbei, um seine Zahnbürste zu nehmen. Er hält mich an meiner Taille fest, um mich zur Seite zu schieben. Ich merke, wie ich langsam rot werde. Ich blickte ihn kurz an. Während ich ins Badezimmer gegangen war, hatte er sich ein T-Shirt angezogen. So stehe ich nun da neben einem jungen Mann in einem Bad. Wenn ich das Angelina erzähle, glaubt sie mir das nie.

Ich merke, wie er mysteriös in den Spiegel blickt. Da fällt mir ein, dass ich noch nicht einmal nach seinen Namen gefragt habe. Ich stelle meine Zahnbürste ab und wasche mir mein Gesicht. Als ich aus dem Bad gehe, lag er bereits im Bett, indem ich letzte Nacht geschlafen hatte. Ich suche mein Handy, um meiner Mutter zu schreiben. Keine neuen Nachrichten. Ich gehe vorsichtig die Treppe runter da wartet schon Maria auf mich mit dem Frühstück. «Soll ich dich später in die Schule fahren?», fragt Maria, während ich mir ein Brot streiche. «Ja, das wäre sehr nett von Ihnen.» Sie erwidert: «Du kannst mich auch sehr gerne duzen.» Mich nimmt es wunder, ob er ihr Sohn ist. Ich fragte sie nett: «Ist das dein Sohn der gestern Nacht im selben Zimmer geschlafen hat?» Maria sagt: «Ja, hat er sich noch immer nicht vorgestellt?!», fragt Maria geschockt. «Sein Name ist Alejandro», sagt sie darauf. Kurze Zeit später sitze ich auch schon im Auto und werde zur Schule gefahren. Als alle Jugendlichen sich auf dem Pausenplatz versammeln, entdecke ich Alejandro auf einer Bank sitzen. Um ihn herum, stehen viele Schülerinnen und ein paar seiner Kollegen. Es scheint, als wäre er sehr beliebt. Das Auslandsjahr mache ich an einer Privatschule, die extra Klassen für Austauschschüler hat. Ich stehe mit ein paar Schülerinnen am Rand des Pausenhofs und unterhalte mich ein wenig mit ihnen, sie scheinen im selben Alter zu sein. Die darauffolgenden Tage verliefen wie im Flug. Von Alejandro höre ich nichts mehr, er kommt meistens sehr spät in der Nacht nachhause. Ich bekomme ihn nie zu Gesicht. Doch eines Abends, als ich gerade ins warme Bett hüpfen wollte, wurde die Tür aufgerissen. Alejandro stürmt ins Zimmer, mit einer blutenden Nase und blutigen Fingerknöcheln. Ich schaue ihn geschockt an. «Was ist passiert?!», frage ich. Er schaut mich nur an und stürmt ins Bad. Ich folge ihm. Er steht vor dem Spiegel und versucht sich das Blut mit einem Handtuch aus dem Gesicht zu wischen. Ich gehe langsam auf ihn zu und nehme ihm das Tuch aus der Hand. Er setzt sich auf den Badewannenrand und schaut mich an. Ich trete vor ihn und versuche ihm zu helfen. Als ich das Handtuch auf seine Wange senke zischt er schmerzerfüllt auf. «Kannst du nicht etwas vorsichtiger sein?!», sagt er mit zusammen gezogenem Gesicht. Ich seufzte. «Er hat dich beleidigt, da musste ich ihm einfach eine reinhauen!», sagt Alejandro mit gesenktem Kopf. «Ich dachte ich bin dir egal?» Wir schauen uns lange Zeit in die Augen. Alejandro steht auf und sieht auf mich heerunter. Mein Herz fängt an wie wild zu schlagen und mein Atem wird schneller. Er legt seine Hände an meine Wangen und küsst mich, er küsst mich einfach. Ich fühle mich völlig überrumpelt und stosse ihn erst von mir weg. Doch als ich in seinen Augen Verlangen sehe, ziehe ich ihn wieder an mich heran und küsse ihn. Mir wird ganz warm, ich glühe förmlich. Also so habe ich mir ein Austauschjahr in Barcelona sicherlich nicht vorgestellt. Das restliche Jahr habe ich sehr genossen. Die Zeit mit Alejandro war unvergesslich. Ich hoffe, dass Alejandro mich bald besuchen kommt, denn ich vermisse ihn schrecklich.

# EINE UNVERGESSLICHE BEGEGNUNG IN DEN BERGEN
## von Jeremy Ruoss

Es war Samstag, der Morgen traf ein. Die fröhliche Familie Huber sass zusammen am Esstisch. Es gab für die zwei Kinder Tom und Lena ein grosses Stück Nutellabrot zu essen. Für Herr und Frau Huber gab es Spiegelei und Speck. Nachdem sie gefrühstückt hatten, machten sie sich langsam bereit für die Wanderung. Sie packten den Rucksack, zogen die Wanderschuhe an und machten sich auf den Weg zum Bahnhof. Sie mussten eine halbe Stunde warten und dann kam der Zug. Nach einer Stunde kamen sie auf dem Berg an. Es war schon halb 12. «Ab nach unten», meinte Herr Huber.

Der Abstieg ist ziemlich anstrengend und dazu kommt, dass sie diese Route noch nie gewandert sind. Nach mehr als einer Stunde liefen sie und dann meinte Frau Huber: «Lass uns zu mittag essen». Die Familie Huber setze sich auf einen grossen Stein und ass ihre Brötchen. Nach dem sie zu mittag gegessen hatten, gingen sie weiter. Es vergingen mehrere Stunden und es wurde schon langsam dunkel. Die Kinder, Tom und Lena, fingen an sich zu beschweren, weil sie nicht mehr weiterlaufen wollten. Sie rufen laut aus: «Waaaannnnn sind wir endlich daaaaa?». Herr Huber sagt: «Einen Moment», und schaut auf seine Karte. In Herr Hubers Gesicht macht sich Verwirrung breit. Er schaut die Karte von oben, von unten, von links, von recht an. Er hat das Gefühl, dass sie sich verlaufen haben. Herr Huber schaut jetzt in den Himmel und sieht, dass die Sonne in zwei bis drei Minuten untergehen wird. Die Kinder fragten erneut, wann sie endlich da sein würden, und Herr Huber antwortete: «Es geht nicht mehr lang. Wir sind jeden Moment da.» Herr Huber log die Kinder offenkundig an. Die Familie wanderte weiter, bis sie an eine Weggabelung kamen.

Die Familie Huber hörte ein lautes Rascheln und Knacken. Herr Huber rief: «Hallo, ist da jemand?» Das Rascheln wurde immer lauter. Er schrie: «Ist daaa jemand?» Und dann sprang die Tuntschi hinaus. Tuntschi war eine Strohgestalt mit einem Holzkopf und gelben, langen Strohhaaren. Mit einer Sense in der rechten Hand versuchte die Kreatur die Familie zu fassen. Die Familie Huber erschrak sich und rannte los in Richtung Tal. Die Tuntschi rannte hinterher und schnappte sich Lena, weil sie die langsamste der Vier war. Herr Huber, der Vater von Lena, lenkt die Tuntschi ab, indem er einen Stein auf die Tuntschi wirft und den Kopf trifft. Dadurch liess die Tuntschi plötzlich Lena los und konzentrierte sich auf Herr Huber.

Die Mutter und die zwei Kinder konnten das Tal in Sicherheit erreichen. Es sind schon mehrere Jahre vergangen. Die Familie Huber hat seither keine Wanderung mehr unternommen und weiss bis heute nicht, wo Herr Huber ist. Er wird vermisst.

# TERROR IM LAVATER
## von Michael

In einer kleinen Stadt, umgeben von dichten Wäldern, erhob sich das düstere Schulhaus Lavater. Dieses Gebäude barg ein tiefes Geheimnis, das von den Schülern nur geflüstert wurde, wenn die Nacht hereinbrach und die Lichter in den Fenstern erloschen.

Es war an einem Novemberabend, als eine Gruppe von fünf neugierigen Schülern beschloss, das unheimliche Schulhaus zu erforschen. Die Gerüchte über unerklärliche Phänomene und mysteriöse Vorfälle lockten sie an, als würde eine unsichtbare Hand sie in die verlassenen Korridore ziehen.

Die Gruppe, bestehend aus Fadxi, Even, David, Michael und Ian, betrat das Schulhaus Lavater mit klopfenden Herzen. Der Wind heulte durch die Ritzen, und die Fenster klapperten unheilverkündend. Als sie tiefer in das Gebäude vordrangen, schienen die Schatten in den Ecken der Flure lebendig zu werden.

Ihre Taschenlampen beleuchteten die verstaubten Klassenzimmer, als sie plötzlich einen Flüsterton hörten, der durch die kalten Wände hallte. «Verlasst dieses Schulhaus, bevor es zu spät ist», flüsterte eine geisterhafte Stimme, die aus dem Nichts zu kommen schien. Doch die Jugendlichen, von Übermut und einem Hauch von Furcht getrieben, ignorierten die Warnung.

Je weiter sie vordrangen, desto intensiver wurden die unerklärlichen Phänomene. Tafeln schrieben sich von selbst, Schatten bewegten sich eigenständig, und kalte Finger strichen über ihre Nacken. Plötzlich fiel die Tür zu einem Klassenzimmer ins Schloss, und die Gruppe war gefangen. Ein unheimliches Lachen erfüllte den Raum, während die Temperatur rapide sank.

In einem der Klassenzimmer fanden sie ein uraltes Tagebuch, das von einem ehemaligen Schüler namens Emil handelte. Emil berichtete von düsteren Ritualen und mysteriösen Ereignissen, die im Schulhaus Lavater stattgefunden hatten. Die Gruppe realisierte, dass sie die alten Geister dieses Ortes geweckt hatten.

Plötzlich begannen die Wände zu knarren, und die Lichter flackerten wild. Eine unsichtbare Präsenz schien sie zu verfolgen, als sie durch die finsteren Flure flohen. Schatten nahmen die Gestalt von längst vergessenen Schülern an, und die Stimmen vergangener Tage flüsterten düstere Prophezeiungen. Die Prophezeiung besagte, dass ein Terror bevorsteht und dass das Schulhaus Lavater in Gefahr ist; möglicherweise wird dies demnächst nicht mehr existieren – so wurde es an die Schülerinnen und Schüler herangetragen, den sie in einem Brief, welcher am Boden lag, gefunden haben. Ein Schüler fotografierte den Brief und stellte ihn in den Klassenchat, um alle zu alarmieren. Die Lehrperson lass die Nachricht und war sehr erschrocken, woraufhin sie ein Spezialeinsatzkommando anrief. Doch dann hörte man Schüsse und die Kinder rannten nach Hause. Der Fall ist noch offen.

# KRIMI IN DER SCHULE LAVATER
## von Laura Joanska und De Seppi

Vor einigen Jahren ereignete sich eine fürchterliche Geschichte. Drei Kinder der Schule Lavater namens Lisa, Pauline und Max wurden von Entführern in einem Lagerhaus gefangen gehalten, Wie diese tragische Geschichte ereignet ist und wie sich die Kinder verhielten, erzählen wir euch jetzt.

Es war ein düsterer Montagnachmittag. Nach der Schule wurden drei stinkreiche Kinder entführt. Als Lisa, Pauline und Max nach der Schule nachhause gingen, wartete bereits ein weisser Van auf sie. Aus dem Van kamen drei vermummte und bewaffnete Personen und fingen die Kinder ab. Sie zerrten die Kinder in den weissen Van und fuhren mit ihnen weg. Als der Van mit hoher Geschwindigkeit durch die Gassen fuhr, breitete sich die Angst in ihnen aus. Die vermummten Entführer zogen sie grob aus dem Van und führten sie in ein verlassenes Lagerhaus. Dort angekommen, wurden ihnen die Augen verbunden, und sie wurden in verschiedene Richtungen geführt.

Lisa spürte, wie sie in einen kalten Raum geführt wurde und hörte, wie die Tür hinter ihr verschlossen wurde.

Als ihre Augenbinde abgenommen wurde, befand sie sich in einem düsteren Raum, der nur mit einer flackernden Kerze beleuchtet wurde. Die anderen beiden Kinder, Pauline und Max, wurden ebenfalls in separaten Räumen festgehalten. Plötzlich wurde die Tür aufgerissen, und eine Person in dunkler Kleidung trat ein. Die vermummte Gestalt sprach mit tiefer, verzerrter Stimme: «Keine Angst, wir werden euch nichts tun, solange eure Eltern zahlen.»

Lisa spürte die Angst in sich aufsteigen, aber sie versuchte, ihre Furcht zu überwinden. «Wer seid ihr? Was wollt ihr von uns?», fragte sie mutig. Die vermummte Person lachte kalt und verliess somit den düsteren Raum.

Nach einer Weile hörte Lisa die vertraute Stimme von Max und Pauline durch die Tür. Die drei Kinder schienen alle nebeneinander zu sein. Alle hatten unfassbare Angst, doch sie machten sich gegenseitig Mut und schmiedeten sogar einen Plan, um auszubrechen.

Die Stunden vergingen, und die Kinder saßen in ihren abgedunkelten Zellen, ohne zu wissen, wie viel Zeit vergangen war. Plötzlich hörten sie Schritte und leise Stimmen ausserhalb ihrer Räume. Die Tür öffnete sich erneut, und die vermummte Person betrat den Raum, begleitet von den zwei weiteren Entführern. «Es ist an der Zeit, dass eure Eltern zahlen. Ihr könntet bald wieder frei sein, wenn sie unsere Forderungen erfüllen», sagte die vermummte Gestalt mit der verzerrten Stimme. Die Kinder tauschten beunruhigte Blicke aus, aber sie wussten, dass ihre Eltern alles tun würden, um sie zu retten. Währenddessen hatten die Eltern von Lisa, Pauline und Max von der Entführung erfahren. Die Polizei war informiert, und die Ermittlungen liefen auf Hochtouren. Die Eltern versuchten verzweifelt, die Forderungen der Entführer zu erfüllen, während sie gleichzeitig die Polizei informierte, um ihre Kinder sicher zurückzubekommen.

In der Zwischenzeit gelang es den drei Freunden, Informationen über ihre Umgebung auszutauschen. Sie hörten Schritte, lauschten auf Geräusche und versuchten, die Anzahl der Entführer und die Lage des Lagerhauses zu erfassen. Max, der besonders geschickt war, schaffte es sogar, seine Handschellen zu lockern. Als die vermummten Entführer erneut den Raum betraten, um mit den Kindern zu kommunizieren, erkannten diese eine Unsicherheit in der Stimme der vermummten Gestalt. Irgendetwas schien nicht zu stimmen. Dieses Wissen stärkte die Kinder und es gelang ihnen sogar einen Ausbruchsplan zu schmieden. Als die Nacht begann warteten die Kinder angespannt auf den richtigen Moment.

Plötzlich hörten sie ein lautes Geräusch, als ob etwas Aussergewöhnliches draussen passierte. Die vermummten Entführer waren abgelenkt, und das war ihre Gelegenheit.

Max, Lisa und Pauline tauschten sich kurz aus. Ihr Plan musste jetzt umgesetzt werden. Die Kinder nutzten den Moment der Ablenkung geschickt aus. Max, der seine Handschellen gelockert hatte, konnte sie nun vollständig ablegen.

Er gab leise Zeichen an Lisa und Pauline, dass der Augenblick gekommen war. Gemeinsam schlichen sie sich leise zu der leicht geöffneten Tür, bereit, von diesem düsteren Keller zu verschwinden. Die vermummten Entführer, immer noch abgelenkt von den unerklärlichen Geräuschen draussen, bemerkten die Kinder nicht sofort. Als Max die Tür einen Spalt breiter öffnete, schlichen sie leise hinaus und huschten durch die dunklen Gänge des Kellers. Ihr Herz pochte laut vor Aufregung, während sie versuchten, sich ganz leise fortzubewegen. Plötzlich hörten sie Stimmen, die sich ihnen näherten.

Die Kinder versteckten sich in der Dunkelheit, als die vermummten Gestalten an ihnen vorbeieilten waren sie immer noch verwirrt von den lauten Geräuschen draussen und bemerkten die drei Ausgebrochenen Kinder gar nicht. Max, Lisa und Pauline erkannten, dass dies ihre einzige Chance war, und setzten ihren Fluchtplan fort. Nachdem sie einen sicheren Abstand zu den Entführern gewonnen hatten, öffneten sie die Tür, die sie in die Freiheit liess. Sie wagten sich vorsichtig nach draussen. Die Nacht verbarg sie vor neugierigen Blicken, während sie die Umgebung nach einem Anhaltspunkt für ihre Lage absuchten. In der Ferne konnten sie die Lichter der Stadt erkennen – ein Hoffnungsschimmer in der Dunkelheit.

Die Kinder liefen so schnell und leise wie möglich, bis sie schliesslich an einer Strasse ankamen. Mit klopfenden Herzen versuchten sie, die Aufmerksamkeit vorbeifahrender Autos auf sich zu lenken. Endlich hielt ein Auto an, und die Fahrerin, eine besorgte Frau, erkannte die Kinder sofort. Sie rief die Polizei an und versprach, sie in Sicherheit zu bringen. Wenig später wurden Max, Lisa und Pauline von ihren erleichterten Eltern in die Arme geschlossen. Die Entführer wurden gefasst, und die Kinder konnten endlich nach Hause zurückkehren. Ihre Entschlossenheit und ihre geschickte Flucht hatten nicht nur sie selbst gerettet, sondern auch dazu beigetragen, die Verbrecher zur Rechenschaft zu ziehen. Das Erlebnis stärkte die Freundschaft der drei Kinder, die nun mehr schätzten, was es bedeutete, in Freiheit und Sicherheit zu leben. Schliesslich hat das Erlebnis, die Kinder resilienter gemacht für ihre nächsten Abenteuer.

*Freiheit ist, wenn man selbst Sachen für das eigene
Leben auswählen kann und entscheiden,was man
macht, ohne Zwang.*


*Sicherheit ist, wenn man irgendwie einen Schutz vor
Gefahren oder Risiken hat.*


*Zivilcourage ist z.B. wie die besorgte Frau war,
als sie die Kinder sah.
Sie war besorgt und hat ihnen geholfen,
ohne zu wissen wer sie sind oder was passiert ist.*

# BIG FAT MONSTER
## von Naod

Es war einmal ein Big Fat Monster. Er ist gross und hat immer wieder Hunger. Naodi ging mit Gina in die Schule. Naodi ist dünn, aber sehr gut im Fussball. Er ist nicht so gut in der Schule, aber im Fussball schon. Gina ist klein und schaut viel TikTok und ist oft am Handy. Abduhl Kadder ist gross und auch gut im Fussball. Dann gab es auch noch das Big Fat Monster. Es ging ins Lavater Schulhaus. Er ist wie jeder andere im Lavater; ein Schüler, aber wenn er Hunger hatte, konnte er sich nicht konzentrieren und wurde ein Big Fat Monster und er versteckt sich in der Kabine, damit er Kinder aufessen kann, ohne dass er es merkt. Wenn er sich in Big Fat Monster verwandelt, dann merkt er es nicht mal.

Als Naodi und Gina in die Schule gingen, trafen sie sich mit Abduhl Kadder, weil sie beste Freunde sind. Danach gingen sie zu Migros und kauften sich ein paar Getränke und Chips. Dann gingen sie zur Nachmittagsschule. Naodi und Gina sind gut in der Schule, aber Abduhl Kadder ist nicht so gut, weil er nur an Fortnite denkt und er gamet auch viel allgemein. Naodi, Gina und Abduhl Kadder gehen zu Herrn Hubber in die Klasse. Eines Tages als die Klasse bei Herrn Hubber Sport hatte, gingen die Mädchen in die Mädchenkabine und die Jungen in die Knabenkabine. Als alle sich fertig umgezogen hatten, gingen alle in die Turnhalle. Danach sagte der Lehrer Herr Huber: «Heute werden wir Fussball spielen, aber bevor wir spielen, habe ich noch eine Frage: Wo ist eigentlich Max?» «Abduhl Kadder war in der Kabine, aber ich weiss nicht, wo er jetzt ist. Vielleicht ist er noch auf der Toilette», sagte ein Schüler. Der Lehrer antwortete: «Ok, dann fangen wir an. Er wird sicher wieder kommen.»

Ding dong ding dong, wir sind schon fertig mit dem Turnen und er ist immer noch nicht hier. Das ist komisch. Ok, alle gehen sich umziehen und wir werden uns nachher im Klassenzimmer treffen. Ich werde ihn suchen gehen und wenn ich ihn nicht finde, dann muss ich es dem Schuleiter sagen. 10 min. später stellt sich heraus: «Ich finde ihn nicht. Ich muss das dem Schuleiter sagen», sagt Herr Hubber und redet mit sich selbst. Herr Hubber klopft beim Schuleiter an. «Hereinspaziert!», sagt der Schulleiter und Herr Hubber geht herein und teilt ihm mit: «Lieber Schulleiter, ein Schüler aus meiner Klasse ist nicht mehr da. Ich habe ihn überall gesucht, aber ich finde ihn trotzdem nicht.» «Hmm, das ist komisch», entgegnet der Schulleiter und fragt, was für ein Fach ihr hattet. Herr Huber sagte: «Da hatten wir Sportunterricht.» Danach spekuliert der Schulleiter: «Vielleicht ist er nach Hause gegangen, weil er nicht mitturnen wollte oder Sportunterricht nicht gerne hat.» Dann sagte Herr Hubber, es könne nicht sein, weil er Schülersport liebt und selbst in drei verschiedene Sportclubs geht und Sport eines seiner Lieblingsthemen ist.

Ok, zuerst rufen wir seine Eltern an, ob er bei ihnen es ist, riet der Schuleiter. Ok, sagt Herr Hubber: «Drinnnggg drinnnggg drinnnggg!» «Hallo, wer ist da?», fragt die Mutter des verlorenen Kindes und der Schuleiter sagt: «Ja, hallo, ich wollte nur fragen, ob ihr Kind zu Hause ist, weil er nicht in der Schule war.» Dann fällt ihm auf, dass er wahrscheinlich Big Fat Monster ist. Der Schulleiter sagt: «Tschüss», und legt auf. Daraufhin sagt der Schulleiter Herr Hubber: «Ich glaube Big

Fat Monster ist wieder da.»

Danach sagt Herr Hubber: «Aber er ist schon seit dem Jahr 2019 weg. Wir haben ihn doch in ein anderes Universum weggetrieben. Wie kann er wieder da sein?» «Ich weiss nicht, aber wir müssen etwas dagegen tun», sagt der Schulleiter. «Herr Hubber, rufen Sie bitte 117 an und ich werde alle Schülerinnen und Schüler als auch Lehrpersonen informieren und die Notfalltaste drücken, damit alle das Schulhaus verlassen können, weil Big Fat Monster eines der Schulkinder ist.»

Als alle Schulkinder auf dem Versammlungsplatz eingetroffen sind, testet der Schulleiter die Kinder, indem er mit einem Mikrofon folgende Ansprache hält: «Also, liebe Schülerinnen und Schüler. Es tut mir leid, dass wir euch gestört haben. Liebe Lehrerinnen und Lehrer, Big Fat Monster ist wieder hier und ihr wisst, das zu tun ist. Wir werden alle Kinder untersuchen müssen. Die Polizei ist schon informiert und sie werden in 10 Minuten eintreffen.»

Die Fortsetzung der Geschichte wird bald folgen, um Big Fat Monster aufzuspüren.

# EIN NEUER ANFANG IM KRANKENHAUS
## von Lynn Hammoud

### *Wiedererwachen in einer fremden Welt*

Ich öffnete langsam meine Augen. Mir war noch nicht bewusst, wo ich war, und mir war kalt. Ich schaute mich um und sah einen Ort voller Schnee und Berge. Ich konnte mich an nichts erinnern und wusste nicht, wie ich hier gelandet war. Ich kannte nicht einmal meinen Namen. Ich bekam langsam Angst und wollte nach Hilfe rufen, aber da war niemand. Ich versuchte aufzustehen und bemerkte, dass ich Schmerzen hatte. Mir war sehr schwindlig und ich war müde. Da dachte ich kann es sein, dass ich gestürzt bin, oder hat mich jemand vielleicht entführt? Ich wollte nach Hinweisen suchen und sah mir meine Klamotten an. Da bemerkte ich ein Armband an meiner Hand. Da stand der Name «Jennie» drauf. «Mein Name ist also Jennie», sagte ich schockiert. Ich suchte nach mehr Hinweisen und durchsuchte meine Jacke, doch leider fand ich nichts mehr. Ich fühlte mich allein und wollte so schnell wie möglich wissen, wo ich war. Ich lief geradeaus und sah nur noch Schnee. Die Sonne ging unter, als ich am Rande des Waldes war. Mir war unheimlich kalt und ich war durstig und hungrig, aber ich durfte nicht aufgeben. Ich sah ein wunderschönes Dorf vor mir, das mit Schnee in einem Tal zwischen all den Hügeln und Bergen versteckt war. Das einzige Problem war, dass ich auf der Spitze des Hügels stand, und es gab keinen Weg nach unten. Ich dachte mir endlich vielleicht wird mich jetzt jemand hören, wie ich um Hilfe rufe. Ich rief so laut wie ich kann. Ich wollte laut schreien, aber es kam nichts aus mir heraus. Ich versteckte mich instinktiv hinter einem Baum. Jemand war hinter mir her! Ich sammelte meine Kraft, die ich noch hatte, und fing an zu rennen. Ich drehte mich kurz um, um zu sehen, wer mich verfolgte. Aber dieser Moment der Nachlässigkeit reichte aus und ich stolperte. Nein, schrie ich laut. Ich dachte, das wäre mein Ende. Das Letzte, was ich sah, war das Gesicht eines Mannes. Er packte schnell meine Hand und bewahrte mich vor dem Absturz in den Abgrund. Das war knapp. Ich fragte: «wer bist du und warum verfolgst du mich die ganze Zeit?» Er meinte er hätte mich nicht verfolgt und wäre nur in den Wald gegangen. Daraufhin sagte ich: Nein… Ich weiss immer noch nicht, wer du bist! Er meinte wir sollten von vorne anfangen und sagte: «Mein Name ist Mark.» «Hallo Mark, ich heisse Jennie», sagte ich. Das denke ich zumindest. Er half mir und zeigte mir den Weg zum Dorf. Ich sagte ihm, dass ich seit Tagen nichts gegessen hatte. Er war schockiert und sagte, dass wir sofort gehen sollten und ich ihm alles erzählen sollte, sobald ich mich erholt hätte. Plötzlich wurde mir wieder schwindlig und ich lag bewusstlos auf dem Boden.

### Die Suche nach Erinnerungen

Einen Tag danach hatte ich einen Traum. Wir hatten einen Test im Schwimmen. Ich hatte panische Angst vor tiefem Wasser. Der Schwimmlehrer fragte mich, ob ich mich wirklich in das Wasser traute. Ich sagte einfach ja. Aber schon, als ich im Wasser war, fing ich an zu ertrinken. Ich rief laut um Hilfe. Meine

Klassenkameraden lachten nur und keiner interessierte sich für mich, bis mich mein Schwimmlehrer in letzter Sekunde rettete. Dann hörte ich die Stimme meines Grossvaters. Er nannte mich Jennie. Zwischendurch machten sich Mark und seine Schwester Verica Sorgen um mich. Sie beschlossen, mich ausruhen zu lassen und einen Arzt anzurufen. Plötzlich wachte ich auf und sah das ich nicht allein im Zimmer war. Mark war froh mich wach zu sehen. Verica schrie: «Sie ist wach!» Sie sagte: «Hallo, ich bin Verica, die Schwester von Mark. Willkommen in meinem bescheidenen Haus.» Ich erinnerte mich langsam wieder. Sie sagte, dass sie sich Sorgen gemacht hatte, als mich Mark hergebracht hatte. Mark ging aus dem Zimmer und Verica eilte ihm nach. Ich war schon wieder allein. Ich dachte, dass ich aufstehen könnte, um ans Fenster zu gehen. Vielleicht wird es mein Gedächtnis auffrischen und ich erkenne den Ort. Ich bewegte mich langsam und stand auf. Ich kam ans Fenster und sah eine herrliche Landschaft mit mehreren Hütten. Ich sah wie Verica sich von Mark verabschiedete. Als Verica zurückkam und mich stehen sah, bat sie mich zurück ins Bett zu gehen. Ich hörte auf sie und ging zurück ins Bett. Sie sagte, dass sie es nicht ertragen könne, wenn mir was passiert. Ich sagte ihr, dass ich mich an nichts erinnere. Ich weiss nicht, woher ich komme, nicht einmal wie ich hierhergekommen bin, allein und frierend...

«Ich kann es mir nicht einmal vorstellen, wie du dich gefühlt hast», antwortete Verica. Vericas Worte füllten meine Augen mit Tränen und ich zeigte endlich meine Gefühle. Ich fing an zu weinen. Sie setzte sich neben mich und umarmte mich. Als ich mich wieder beruhigt hatte, brachte sie mir eine warme Suppe und liess mich ausruhen.

### Der geheimnisvolle Doktor

Ein paar Stunden später, hörte ich ein Klopfen an der Tür. Es war Mark. Er kam rein und entschuldigte sich bei mir, weil er arbeiten war. Er würde mir gerne Gesellschaft leisten, jedoch musste er Brennholz besorgen und das ist ein harter Job. Ich war schockiert. Er sagte mir, dass Verica keine Freude ihn ihrem Beruf habe. Kurz darauf klopfte es an der Haustür. Verica rannte, um die Tür zu öffnen. Das muss der Arzt sein sagte sie. Doktor Ben ist ein Experte aber auch der einzige Arzt in unserem Dorf sagte Mark. Es ist ein Wunder, dass er es bei so einem Wetter geschafft hat. Der Arzt kam rein. Das Licht war schwach, weshalb ich nicht erkennen konnte, wie alt er war. Ich fing an zu zittern, als er näher an mein Bett kam und seine Tasche auf den Boden legte. Mein Herz fing an zu rasen, weil ich etwas Vertrautes in ihm gesehen habe. Ein Bild von einem Mann, der mein Gesicht berührt hat, tauchte in meinem Kopf auf. Kenne ich ihn oder ist er nur eine Fantasie dachte ich. Mark und Verica bemerkten, dass ich aufgeregt war. Sie lächelten mich an, um mir Hoffnung zu machen, dass alles gut wird, da Doktor Ben da ist. Er begrüsste mich. Er sagte mein Name ist Ben, aber jeder nennt mich Doktor. Er hat mir seine Hand angeboten und ich schüttelte sie. Der Doktor bemerkte, dass meine Hände kalt waren. Er legte seine Handfläche auf meine Stirn und runzelte. Ich glaube du hast Fieber. Er fragte mich, ob ich Schmerzen habe. Ich habe nur ein oder mehrere blaue Flecken an meinen Körper. Er sagte, dass ich nicht gut aussehe. Ich schaute schweigend zum Arzt und versuchte mindestens ein vertrautes Detail in seinem Gesicht zu finden. Er blickte Verica und Mark an, dass sie den Raum verlassen sollten. Weil, er mich untersuchen will. Er meinte, dass ich es mir bequem machen sollte, so dass er meine Lunge untersuchen kann. Ein paar Minuten später. Als Verica reinkam, schrie sie vor Schreck. Ich fragte sie was los sei. Er erzählte Verica von meinen blauen Flecken und könne sagen, dass ich gestürzt bin. Ich konnte nicht wirklich sagen, was passiert war. Der Doktor sagte mir du hast dein Gedächtnis verloren, weil du während deines Sturzes deinen Kopf angeschlagen hast. Willst du damit sagen, dass ich Amnesie habe? Werde ich mich je an meine Vergangenheit erinnern können? Doktor Ben meinte er müsste einige Analysen durchführen, um sicher zu gehen, dass es keine bleibenden Schäden in meinem Gehirn gibt. Doktor Ben sagte: «Deine Freunde und Familie können dir helfen deine Erinnerungen zu wecken». Ich kann mir nicht vorstellen, dass mir Freunde, die ich nicht kenne, mir helfen könnten. Er sagte mir: «Du musst dich verschiedenen Situationen aussetzen. Mit anderen Menschen in Kontakt kommen. Vielleicht wird es dein Gedächtnis auffrischen und du erfährst, wie du hergekommen bist». «Ich hoffe, du hast recht», sagte ich. Doktor Ben machte einen Test und sagte ich solle mir die Zahl 614 merken. Er fragte mich, ob ich mich in der Zwischenzeit an meinen Namen erinnere. Ich sagte ihm mein Name sei Jennie und das er auf meinem Armband steht. Er nickte. Der Arzt legte dann alle seine Instrumente in seine Tasche und wandte sich zu Verica. Er sagte ihr, dass sie die Medizin kauft, die er ihr aufgeschrieben habe und du sorgst dafür, dass sie sie pünktlich einnimmt. Es war schön dich kennenzulernen sagte er mir. Doktor Ben sagte, dass wir uns bald in seiner Praxis sehen, damit wir weitere Analysen durchführen können. Er fragte mich, welche Nummer ich mir merken solle. Ich sagte die Nummer 614. Er sagte bravo, das ist ein guter Anfang. Er gab mir ein Medikament, um meine Temperatur zu senken.

### Ein traumhaftes Erwachen

Einige Zeit später schlief ich ein und träumte wieder von meinem Grossvater. In diesem Traum erfuhr ich, dass ich ihn nie gesehen hatte, weil er leider seit meiner Geburt verstorben war. Ich sah in meinem Traum, wie schwer krank er war und dass er sich zu dieser Zeit keine Medikamente leisten konnte. Ich konnte aber trotzdem tief in meinem Herzen fühlen, dass er in meinem Traum war und lächelte. Währenddessen fragte Mark den Arzt, was passiert war. Er sagte, dass ich einen starken Schlag am Kopf hatte und wegen diesem Unglück mein Gedächtnis verloren hatte. Sie machten sich Sorgen und wollten die Polizei einschalten, aber es konnten keine Anrufe gemacht werden. Der Arzt versprach, dass er das nächstliegende Krankenhaus und die nächstliegende Polizeistelle kontaktieren würde. Ich wachte in der Nacht auf und hörte die Drei sprechen, wie Doktor Ben sagte, dass ich sterben könnte. Ich konnte nicht glauben, was ich hörte. Ich stand auf und versuchte die Türe zu öffnen, aber sie ging nicht mehr auf. Ich war mir sicher, dass etwas mit der Tür nicht stimmte. Die anderen hörten mich und wollten mir helfen. Ich hatte Angst vor geschlossenen Räumen und bekam schnell Panik. Mark schaffte es, die Türe zu öffnen. Der Arzt ging schnell auf mich zu. Ich war stark am Zittern. Er beruhigte mich und entschuldigte sich für das, was er gesagt hatte. Ich sagte, dass alles in Ordnung sei. Das letzte, was ich sah, waren seine Augen und wie er mich anschaute.

Plötzlich kam ein Licht in meine Augen und ich schaute mich um, wo ich war. Im Krankenhaus?! War das alles nur ein Traum? Ich sah meine Mutter. Als sie sah, dass ich wach war, umarmte sie mich fest und war sehr glücklich und zugleich erleichtert. Sie erzählte mir, dass ich nicht aufgewacht bin und ich einfach bewusstlos war. Die Ärzte haben dauernd versucht mich aufzuwecken. Es stellte sich heraus, dass mein Körper wach war, ich aber vier Tage lang geträumt hatte. Sie rief die Ärzte, dass ich wach sei, und sie untersuchten mich. Es ging mir danach besser. Ich weiss bis heute nicht, warum ich das geträumt habe, aber ich war erstaunt, dass der Traum mir meine Schwächen aufgezeigt hat.

Es gibt gute Menschen und schlechte Menschen.

Man kann immer aus seinen Fehlern lernen.

Das Leben ist ein Test.

Das, was man träumt,
kann auch ein Hinweis sein.

# EIN SCHULE LAV-ATER ZUR ZEIT DER WIKINGER

## von De Seppi

An einem regnerischen Tag im Heyannier, dem Heumonat in wikischer Zeitrechnung, bricht der Morgen über dem Wikingerdorf Kreiawik herein. In dem grössten Langhaus wurde der Oberhäuptlingssohn Leif vom stürmischen Wetter geweckt. Der ausgeschlafene, stattlich gebaute Junge schmiss sich seinen Wollmantel über und setzt sich zu seiner Mutter an den reichlich gedeckten Küchentisch. Alle Männer im Dorf waren vor einiger Zeit auf Plünderungsfahrt gefahren. Er schlingt noch schnell seine Portion Haferbrei hinunter und schnappt sich auf dem Weg zur Haustür noch einen Apfel. Eilig läuft er über den gepflasterten Dorfplatz in Richtung Wald, wo der Trainingsplatz liegt. Der dreizehnjährige Halvar, sein Freund, wartete bereits auf ihn und drückt Leif bei der Begrüssung eine Streitaxt in die Hand.

Schon einige Stunden praktizieren sie den bei weitem nicht ungefährlichen Umgang mit der Streitaxt, als ihnen ein leises Schreien in die Ohren dringt, welches wohl aus Richtung des Dorfes zu kommen scheint. Verdutzt blicken sie sich an.

«Hast du das auch gehört?», fragte Halvar. Leif nickte: «Da sollten wir vielleicht nachschauen gehen, schliesslich sind wir aktuell die ältesten Männer im Dorf.» Die beiden packen ihre Sachen und eilen in Richtung des Dorfes. Als sie das Dorf erreichen, scheint alles wie gewöhnlich. Die beiden schleichen gespannt über die steinigen Wege des Dorfes. Da sehen sie noch einen pelzigen Schwanz, wie er zu einem Wolf passt, hinter dem Haus der Ingrid verschwinden. Vorsichtig nähern sich die beiden der Stelle, mit gezückter Axt und zum Schlag bereit. Schliesslich fasst Leif den Mut und lugt um die Ecke.

Entsetzt blickt er auf eine dunkelrote Blutspur, welche sich in der Pfütze zu einer Lache verdünnt hatte. Was ist passiert? Gab es einen Kampf? Ein Dieb? Die Gedanken beginnen zu rasen. Auch Halvar kann seinen Augen kaum trauen. «Hilfeeee!» Das kommt aus dem Langhaus. Die beiden Jungen betreten stürmisch, ohne darüber nachzudenken, das Gebäude. Innen ist es stickig. Das Feuer, welches normalerweise brennt ist erloschen und mehrere Ziegenkäulen liegen neben einem umgestürzten Topf. Da erblicken sie ihn, einen grossen hellgrauen, pudelnassen und mit den Zähnen fletschenden, ausgewachsenen Wolf. Vor Schreck lassen sie fast die Äxte fallen. Salva, welche auf einer Holzkiste steht und sich an die Wand presst, schreit noch immer um Hilfe. Halvar blickt dem Wolf direkt in die Augen. Die blutroten Augen lassen nichts Gutes erwarten.

Sein Blick wandert an dem regungslos erstarrten Tier hinunter zur Pfote. Erst jetzt sieht er die verletzte Pfote, welche der Wolf ein wenig in die Höhe reckte.

Leif und Halvar stehen immer noch wie erstarrt da. Das Blut und der Anblick des Wolfes, bringt das Blut in ihren Adern zum Gefrieren. Salva die immer noch ängstlich auf der Holzkiste steht, wagt kaum zu Atmen und schaut den Wolf entsetzt an.

Leif kam langsam wieder aus seiner Schockstarre heraus und flüstert Halvar vorsichtig zu: «Wir müssen Salva helfen, ohne den verletzten Wolf noch mehr zu verletzen.» «Einverstanden», wispert Leif Halvar zu, «aber wie sollen wir das bloss tun?» «Ich habe eine Idee», sagte Halvar leise. «Wir müssen den Wolf mit einer der Ziegenkeulen herauslocken». «Spinnst du», sagte Leif, «wie willst du denn an sie kommen, sie sind direkt neben dem Wolf.» Halvar hat plötzlich eine erleuchtende Idee. Er flüsterte Leif zu: «Du musst den Wolf ablenken, indem du mit deiner Streitaxt langsam auf ihn zugehst, und ich schleiche mich langsam an die Ziegenkeulen heran.» «In Ordnung», flüsterte Leif zurück. Jetzt wird's ernst, denken sich die beiden.

Leif macht eine sanfte Bewegung nach vorne und näherte sich dem Wolf mit erhobener Waffe. Der Wolf, der genau so Angst vor den beiden Jungen hatte, heult laut auf und fletscht seine scharfen Zähne. Der mutige und bewaffnete Leif, zuckt etwas zusammen, lässt sich aber vom Wolf nicht einschüchtern und läuft weiter auf das Tier zu. Havard schleicht sich währenddessen langsam an die Ziegenkeulen ran. Er erreicht diese, ohne vom Wolf bemerkt zu werden. Er schnappt sich eine Ziegenkeule und wirft sie in Richtung Haustür. Der Wolf der Halvar nun bemerkt, knurrt und fletscht seine Zähne erneut. «Scheisse!», flucht Halvar und wirft aus Verzweiflung gleich eine zweite Ziegenkeule. Diesmal spitzt der Wolf, der hinter der Ziegenkeule her war, seine Ohren und rennt Richtung Haustür, wo diese liegen. Leif, der nun hinter des Wolfes Rücken ist, nutzt seine Chance und rennt mit Geschrei und seiner erhobenen Waffe auf den abgelenkten Wolf zu. Der Wolf, der gerade in die saftige Ziegenkeule beisst, erschreckt sich so sehr, dass er mit einem lauten Jaulen aus der Haustür rennt und mit seiner verletzten Pfote in den düsteren Wald humpelt.

Salva, die immer noch etwas weiche Knie hat, taumelt mit ihren wackeligen Beinen zu den beiden Jungs und sagt freudig: «Ihr habt mein Leben gerettet, ihr seid grossartig!» Halvar und Leif strahlen über ihr ganzes Gesicht. Sie sind wirklich stolz und glücklich, dass sie Salva retten konnten.

# NACHWORT

Wer wir sind? Wir, die Schule Lavater, sind eine Oberstufenschule im Herzen der Stadt Zürich. Die rund 125-jährige denkmalgeschützte Schulanlage Lavater im Quartier Enge ist etwas in die Jahre gekommen und wird aktuell umfassend instandgesetzt, energetisch optimiert und hindernisfrei gestaltet. Die schutzwürdige Einfachturnhalle wird erweitert und als Verpflegungsgebäude für die Schulkinder umgenutzt. Für den Schul- und Vereinssport erfolgt der Neubau einer unterirdischen Doppelsporthalle.

Während der zweijährigen Bauphase von August 2022 bis Juli 2024 werden unsere neun Klassen auf zwei benachbarten Schulanlagen unterrichtet – sechs Klassen haben in Zürich-Leimbach und drei Klassen in Zürich-Wollishofen in Schulraumprovisorien Platz gefunden. Der Buchtitel "Was ist? Was wird? Was bleibt?" beschreibt treffend unsere aktuelle Gedankenwelt – sowohl hinsichtlich der umfassenden Gebäudesanierung als auch in Bezug auf die Entwicklungsphase, in der sich unsere Schülerinnen und Schüler gerade befinden.

*"In jedem unserer Kinder steckt eine unbändige Kreativität. Es ist unsere Aufgabe als Eltern, Erziehende und als Gesellschaft, diese Kreativität zu fördern und unseren Kindern Ausdrucksmöglichkeiten zu bieten."*

**Student Author Project** ist ein gemeinnütziger Verein, der Sicht-barkeit für Schülern und Schülerinnen schafft. Wir kooperieren mit Schulen und anderen Organisationen und veröffentlichen Geschichten und Aufsätze von Schülerinnen und Schülern als Buch, welches dann weltweit im Buchhandel und bei Amazon verfügbar ist. Als Buchautor oder -autorin veröffentlicht zu sein, stärkt das Selbstvertrauen und die Selbstwirksamkeit unserer Kinder. Es schafft ein Gefühl von Sichtbarkeit und Reichweite und bereitet junge Menschen auf die kreativen und mutigen Entscheidungen vor, mit denen sie die Zukunft gestalten werden.

In vielen Fällen ist eine teilweise oder vollständige Finanzierung aus Fördermitteln möglich, die wir gerne für Schulen und andere Kooperationspartner managen.

Erlöse aus Buchverkäufen werden von *Student Author Project* im Sinne der Gemeinnützigkeit zur Förderung der Lese- und Schreibkompetenz bei Schülerinnen und Schülern verwendet.

## Eine Plattform für die Ideen unserer Kinder

Die Generation unserer Kinder wird vor beinahe unlösbaren Problemen stehen. Klimaerwärmung, Migration, zunehmende politische Instabilität, Digitalisierung und vieles mehr. Sie werden für diese Themen kreative Lösungen entwickeln müssen und dazu brauchen Sie Mut und das feste Vertrauen, dass ihre Ideen gehört werden. Um unseren Kindern dies zu ermöglichen, müssen wir alles dafür tun, dass sie von Anfang an mit dem Gefühl aufwachsen, gehört und gesehen zu werden. Ihre Ideen sind wertvoll und verdienen eine Plattform. Der gemeinnützige Verein *Student Author Project* schafft Sichtbarkeit für Schülerinnen und Schüler.

*"Ein fantastisches Medium, um Schülerinnen und Schülern ein Gefühl von Sichtbarkeit und Reichweite zu vermitteln!"*

www.studentauthorproject.com